LES PAYSANS

DE
MAINE-ET-LOIRE
SARTHE, ORNE ET MAYENNE

SOUS

L'EMPIRE

PAR

GAZEAU-DE VAUTIBAULT

25 centimes

ANGERS
P.-L. BÉCHET
LIBRAIRE — ÉDITEUR
Rue Bodinier.

PARIS
GODET JEUNE
LIBRAIRE — ÉDITEUR
Place des Victoires, 9.

1874

LES PAYSANS

DE

MAINE-ET-LOIRE

SARTHE, ORNE ET MAYENNE

SOUS

L'EMPIRE

PAR

GAZEAU-DE VAUTIBAULT

25 centimes

<table>
<tr><td>ANGERS</td><td>PARIS</td></tr>
<tr><td>P.-L. BÉCHET</td><td>GODET JEUNE</td></tr>
<tr><td>LIBRAIRE — ÉDITEUR</td><td>LIBRAIRE — ÉDITEUR</td></tr>
<tr><td>Rue Bodinier.</td><td>Place des Victoires, 9.</td></tr>
</table>

1874

ANGERS, IMPRIMERIE P.-L. BÉCHET. RUE DE LESPINE, 2.

LES PAYSANS

DE

MAINE-ET-LOIRE

SARTHE, ORNE ET MAYENNE

SOUS L'EMPIRE [1]

———

M. Berger et les autres bonapartistes de Maine-et-Loire n'ignorent pas que les villes de ce département s'apprêtent à donner une minorité dérisoire au candidat de Sedan, Metz et Bazaine.

----

[1] Cette brochure a été rédigée la veille même du décret de convocation des électeurs de Maine-et-Loire à l'effet de pourvoir au siège laissé vacant par l'étrange décès de l'ex-démagogue, puis clérical M. BEULÉ, élu député le 8 Février 1871 « en un jour de malheur ». — Des circonstances fortuites en ont ajourné la publication au lendemain dn premier tour de scrutin du 13 septembre 1873. Je ne vois aucun motif d'en changer un seul mot.

L'instruction politique des villes est faite, en effet. Elles savent quelles furent les hontes, les turpitudes, les infamies des guerres de Crimée, d'Italie, de Syrie, de Chine, de Cochinchine, du Mexique, de Forbach, Metz et Sedan, — quelles furent la corruption inouïe et les mœurs dépravées des Tuileries et des ministères, — quelle fut l'ineptie administrative, financière, judiciaire, policière, industrielle, commerciale, militaire et diplomatique des bonapartistes, — quels furent les concussions, vols et rapines qu'ils commirent dans toutes les branches du gouvernement et de l'administration.

Voilà pourquoi Angers, Saumur, Cholet, Baugé, Segré, Beaufort, Chalonnes, Chemillé, les Ponts-de-Cé, etc, etc., voteront avec entrain et bannières déployées contre le bonapartisme.

En conséquence, les bonapartistes s'abstiennent de faire de la propagande dans les gros centres, et la concentrent tout entière sur les campagnes.

Là, ils ne parlent pas de la gloire militaire, judiciaire, financière, religieuse, administrative, morale et sociale du Bas-Empire.

Du tout. Leurs arguments se réduisent à peu près à un seul.

L'empire, disent-ils, Napoléon III a développé dans les campagnes angevines une prospérité qu'elles ne doivent qu'à la sagesse des mesures de l'administration, du gouvernement napoléonien.

Or, récemment, j'ai publié brochure sur brochure, dans lesquelles j'ai démontré aussi clair que de l'eau de roche, et avec des documents bonapartistes mêmes, que toutes les mesures, que les actes, les systèmes, les lois, les règlements, les hommes du second empire avaient été essentiellement défavorables à l'agriculture, à la France rurale, aux intérêts du sol et du paysan (voir l'*Empire et les Paysans*, le *Bonapartisme et les Paysans*).

En écoutant les bonapartistes de Maine-et-Loire et leur propagande, je me suis dit : Est-ce que, par hasard, l'Anjou aurait fait exception aux autres départements de la France? Est-ce que, là, le système napoléonien n'aurait pas été non plus une conspiration incessante contre la propriété, la culture, les cultivateurs, les ouvriers des campagnes?

Je me suis rappelé aussitôt que, sous l'Empire, j'avais dépouillé l'enquête agricole de Maine-et-Loire, Sarthe, Orne et Mayenne, en 1867, que les agriculteurs, les commissions officielles, le président lui-même de cette enquête, avaient tous avoué les souffrances réelles du monde rural de leur circonscription : Orne, Sarthe, Mayenne, Maine-et-Loire.

Eh bien! du moment que les bonapartistes de Maine-et-Loire, dans l'intérêt d'une élection partielle, accumulent mensonges sur mensonges, impostures sur impostures, pour tromper, duper les électeurs de Maine-et-Loire au sujet de la situation faite aux classes rurales de l'Anjou par l'Empire, — il importe de rétablir encore une fois la vérité, toute la vérité, rien que la vérité, la vérité telle qu'elle découlait sous l'Empire de la bouche des bonapartistes.

— Cela importe d'autant plus que nous entrons dans une période d'élections successives, partielles, départementales, municipales et générales.

I.

Il est une assertion devenue banale à force d'être dite et répétée depuis des siècles, c'est que l'agriculture est la base fondamentale de la société. La France a toujours été, est encore et sera, quand même, toujours essentiellement agricole ; les trois quarts de sa population sont journellement occupés à la culture et sont par conséquent merveilleusement disposés à faciliter au pouvoir, qui voudrait l'entreprendre, l'introduction de l'élément agricole dans la politique gouvernementale ; elle fournit régulièrement à l'Etat les trois quarts du budget ; elle alimente ses armées, inspire aux trois quarts de la population qu'elle occupe l'amour de l'ordre, de la tranquillité à l'intérieur et de la paix avec l'extérieur ; en même temps elle ne supporte pas volontiers les torts que l'étranger peut avoir envers la France, et conserve cette noble fierté qui sait faire respecter la dignité et l'indépendance nationale ; elle peut par elle-même servir d'appât aux plus vastes conceptions de l'intelligence, des littérateurs, des savants, des artistes ; ensuite les gages qu'elle offre à la société pour la conservation et l'amélioration de la moralité publique, sont appréciés par tous les observateurs ; dans l'ordre moral, l'application des hommes aux travaux de la campagne est la sauvegarde du sentiment religieux, de la famille, des mœurs, de la propriété, de l'indépendance et de la dignité nationale, le remède aux plaies sociales, telles que la mendicité, les orphelins, les aliénés, etc.

Quand un intérêt social offre de tels gages à la prospérité publique, quand tout concourt pour le signaler à l'attention des pouvoirs de l'État, il doit être pris par eux en sérieuse considération, il doit entrer d'une manière influente dans leurs combinaisons gouvernementales ; en un mot, la politique du gouvernement doit être, comme le pays lui-même, essentiellement agricole.

C'est-à-dire que le gouvernement ne doit pas craindre de peupler d'agriculteurs ou d'hommes imbus, pénétrés de l'esprit rural et de notions d'économie politique-rurale, le Conseil d'Etat, le Sénat, le Corps Législatif, tous les corps de l'Etat, les préfectures, les magistratures de tout ordre, les conseils généraux, les conseils d'arrondissement. Eh bien ! l'Empire y faisait entrer des gens de toutes les professions, sauf des agriculteurs. Aussi, toutes ces branches de l'Etat ne cessaient d'agir et d'instrumenter contre les intérêts de l'agriculture.

Les princes Bonaparte, quand ils s'occupaient de quelque chose, faisaient de tout, sauf de l'agriculture. — Les statues, les monuments, les décorations, les cérémonies publiques, tout cela était en l'honneur de ceux qui avaient reçu une éducation bureaucratique, parasite, dépourvue de tout respect, tout sens agricole ou rural. — Il en était de même pour les encouragements, les subventions, les privilèges, les protections. De plus toutes les professions étaient organisées en corporations, toutes sauf celle des cultivateurs.

II.

S'il est une vérité irréfutable, c'est celle-ci : La productions se développe toujours en raison directe des voies de communication. Telle viabilité des champs à la ferme, de la ferme au village, du village à la ville; telle production, telle agriculture. Et cependant que faisait l'Empire? C'était dans les campagnes qu'il puisait pour former son énorme budget des travaux publics, et ce budget, il le dépensait au profit des grandes cités bureaucratiques et proportionnellement industrielles ou commerciales. Il n'est peut-être pas un canal pas un chemin de fer, pas une voie de communication terrestre, qui ait été créé en vue de l'intérêt agricole et des contrées exploitées par l'agriculture.

C'était comme cela sous Louis-Philippe ou les Bourbons de si intéressante mémoire. Il en fut absolument de même sous Napoléon III.

Le rapporteur de l'enquête agricole de Maine-et-Loire, Sarthe, Orne et Mayenne inscrit une vérité qui vient appuyer tout ce que j'ai dit dans une publication antérieure sur ce point.

Il avoue que la richesse agricole de la France date non pas de 1851, mais de 1836, c'est-à-dire de l'ou-

verture des voies de communication, de la loi de
1836 sur la viabilité, de la création de voies straté-
giques, royales, départementales, d'intérêt commun,
vicinales et surtout des voies ferrées, des chemins de
er. Il confirme ainsi ce que j'écrivais tout récemment,
et le voici :

Il y a trente ou quarante ans qu'à commencé à se
produire dans l'Europe entière une grande révolution
économique. Depuis lors, le niveau des fortunes s'est
élevé et les classes agricoles de l'Europe ont joui d'une
misère inférieure à celles des régimes antérieurs. Cette
révolution économique a été le résultat de la création
des chemins de fer. En effet, les chemins de fer, en
livrant au commerce des produits agricoles et manu-
facturés qui restaient dans le pays ou ne se produisaient
pas, faute de débouchés, ont nécessairement amené
l'extension des voies départementales et vicinales et, à
ce double point de vue, excité la production rurale
dans de sensibles proportions. Voilà tout simplement
comment les classes rurales et manufacturières de
l'Europe ont vu leur situation s'améliorer pendant ces
quarante dernières années

Or, l'Empire eut la bonne fortune de s'établir au
moment même où les chemins de fer entraient dans
leur période de développement. Il ne pouvait pas évi-
demment arrêter complètement dans son essor, l'élan
donné à la création, à l'exploitation des voies ferrées.
Mais je dois dire à sa charge que, malgré la supério-
rité incontestée du climat, du sol et des richesses iné-
puisables de la France, l'Empire y fit ouvrir sept fois

moins de chemins de fer qu'il n'en fut ouvert en Angleterre, en Suisse, aux Etats-Unis, en Belgique, en Hollande et en Allemagne. En outre tels furent ses errements malhonnêtes que les frais de transport par voie ferrée y devinrent trois fois plus élevés que dans d'autres pays.

Il résulta de là que le sort du paysan s'améliora bien plus sensiblement même dans les pays les plus despotiques de l'Europe que dans la France gouvernée par les bonapartistes.

Quant aux voies de communication autres que les voies ferrées, l'Empire délaissa complétement les canaux ; il n'en construisit pour ainsi dire aucun, et un grand nombre de ceux existants cessèront de servir faute d'entretien. M. Migneret, rapporteur de l'enquête agricole de l'Anjou et régions voisines, constate que l'ensemble des chemins d'intérêt commun et de petite vicinalité était « dans un mauvais état » ; il convient qu'il faudrait quatorze, vingt ans, pour finir les chemins vicinaux de la Sarthe, qui était pourtant un des départements les mieux dotés de voies de communication ; il confesse que les chemins ruraux étaient «» complètement négligés et qu'ils étaient « en aussi mauvais état qu'au commencement du siècle ». Eh bien ! il est reconnu par les économistes, qu'avec les impositions affectées au budget depuis 1836 pour la confection des voies de communication; un gouvernement honnête, économe, pratique et respectant les libertés communales et individuelles aurait été en mesure de faire construire

plus de voies de communication que pouvaient le dé-
sirer les départements.

III.

Ainsi donc, en matière de voies de communication
qui sont les agents presque uniques de la richesse eu-
ropéenne et contemporaine, l'Empire ne fit que laisser
exécuter les lois votées sous les régimes antérieurs ;
et, dans l'exécution de ces lois, il pilla les caisses publiques, il détourna de leur destination les crédits de
la viabilité, il se livra à l'agio et aux tripotages finan-
ciers comme on ne l'avait pas vu même sous le règne
de Louis-Philippe. Voilà pourquoi, sous le rapport de
la viabilité par eau, par terre et sur rail, la France
sous l'Empire resta fort en arrière des puissances
voisines.

L'enquête agricole de Maine-et-Loire, Sarthe, Orne,
et Mayenne en fait foi pour ces quatre départements.

J'avais tout d'abord limité ici mes réflexions sur
cette question, mais elle est si importante que je juge
à propos de les compléter par les suivantes :

M. le Président Migneret nous apprend que « *de
1836 à 1856 on a créé dans la Sarthe 1151 kilomètres
de chemins vicinaux* » seulement, et que, leur exécution, leur entretien par le bureaucratisme ?? ont coûté
la somme exorbitante de 26 millions. Ainsi donc,
voilà Louis-Philippe, voilà Napoléon III à sa suite
qui ont eu l'idée de faire construire et réparer les

chemins des cantons de France au moyen du fonctionnarisme ! ! ; ils en ont construit de la sorte une
longueur dérisoire de 1151 kilomètres ; ils y ont dé-
pensé 26 millions; et ces 26 millions est-ce l'Etat qui
les a fournis, qui les a payés ? Pas le moins du monde.
M. le rapporteur Migneret avoue en effet que les communes ont payés sur ces 26 millions 19 à 20 millions,
les départements 5 à 6 millions, les souscriptions parti-
culières 637,000 francs, — et l'Etat (saluons !)
344,760 francs.

Dans l'Orne, il y avait 9 routes impériales ; mais
elles avaient été construites de 1700 à 1820. Les 14
routes départementales avaient été ouvertes de 1700 à
1846. Quant aux routes vicinales, il n'en existait pas
pour ainsi dire avant la loi de 1836 sur la voirie vici-
nale ; mais, « *depuis cette loi et par suite de son application* il fut classé et construit successivement ou
cumulativement 1558 chemins de grande communication, d'intérêt commun ou vicinaux ordinaires ».

Dans la Mayenne, M. Migneret confesse que l'Empire se refusait « à construire des canaux pour le
transport à bon marché des produits encombrants de
l'agriculture », à supprimer les droits de tonnage et
même à réparer les canaux existants dont un grand
nombre devenaient hors de services. — Il confesse
encore que « ce département est très-mal partagé
sous le double rapport des voies navigables et des
chemins de fer », et que les droits de transport sur
les chemins de fer « sont exorbitants.

En Maine-et-Loire, la Sarthe a une navigation possible sur son parcours dans ce département, mais c'est en vertu de travaux qui ont été faits avec des crédits ouverts par la loi du 31 mai 1846. — Le chemin de fer de Paris à Nantes traverse Maine-et-Loire sur une longueur de 90 kilomètres, mais ce n'est pas sous l'Empire qu'il a été construit. Quant aux 37 kilomètres de la ligne d'Angers au Mans, et aux 43 kilomètres de la ligne Niort-Angers, l'Empire en les faisant exécuter a uniquement suivi la route, la voie, les er-rements économiques tracés par la République de 48 et le gouvernement antérieur ; tout autre gouverne-ment n'aurait pu se dispenser d'agir de même. En effet, est-ce que depuis la chute de l'Empire, on n'a pas ordonné sous la République l'exécution d'un nombre de voies ferrées supérieur à celui d'avant 1870 ? Mais, à la charge de l'Empire, il convient de dire que ses quelques kilomètres de chemins de fer ont été réalisés par des moyens subversifs que con-damnent l'honnêteté, les libertés économiques, les ennemis de l'agiotage et du favoritisme ; les hommes de l'Empire n'ont vu dans la continuation des chemins de fer qu'une nouvelle occasion d'enrichir les agio-teurs et les traficants interlopes de tous les monopoles.

IV.

Néanmoins, pendant les dix premières années de l'Empire, il y eut une prospérité relative, grâce aux lois léguées par les gouvernements précédents et par suite de la force, de la vitesse, de l'impulsion acquise. Le sol continua d'augmenter de valeur ainsi que les prix de location de la terre.

Mais au bout de dix ans, — c'est le rapporteur, ce sont les commissions officielles, ce sont les déposants de notre enquête agricole qui le déclarent, — le prix vénal, la valeur locative du sol commencèrent à subir des dépréciations considérables ; — les capitaux « abandonnèrent l'agriculture qui en ressentit le fâcheux contre-coup pour se placer plus avantageusement dans l'industrie et les valeurs mobilières », — le personnel agricole « diminua sensiblement » ; — « le mouvement décroissant des populations de l'Anjou et régions voisines commença même dès 1851 » ; — dans la Sarthe, les dénombrements accusèrent pour 1851 473,000 habitants, 467,000 en 1856, 466,000 en 1861 et 463,000 en 1866 , — dans l'Orne, il y avait 443,000 habitants en 1836 et 414,000 en 1866 ; — le nombre des habitants par hectare descendit dans l'Orne de 0,72 en 1850 à 0,69 en 1860 , dans la Mayenne de 0,72 (1850) à 0,72 (1860), dans la Sarthe de 0,76 (1850) à 0,75 (1860) ; dans Maine-et-Loire, les cantons de Chalonnes moins la ville, de Saint-Georges, de Thouarcé, des Ponts-de-Cé moins la ville, de Gennes, de Beaufort, de Durtal, de Baugé moins la ville, de Seiches, de Doué, de Saumur moins la ville, du Lion d'Angers, de Montreuil-Bellay virent leur population diminuer notablement de 1850 à 1860; on constatait en 1846 13,000 naissances dans Maine-et-Loire et 11,000 seulement en 1860 ; 9,400 décès (1855) et 15,000 en (1859);—en comparant en Maine-et-Loire les recensements de 1861 et 1866, on voit que les campagnes ont vu leur population non seulement cesser de s'accroître mais encore diminuer, (ce qui ne s'était jamais vu depuis des siècles); ce département était en France un de ceux où les mariages étaient les moins nombreux et les moins féconds et l'infériorité la plus accentuée par rapport à la proportion des naissances sur les décès.

Le rapport de M. Migneret constate aussi que le nombre des moutons qui, en 1846, était de 196,000, s'était abaissé en 1866 à 195,000, et celui des ânes et mulets de 8,921 à 3,277. Il constate que le chiffre des inscriptions d'hypothèques s'était élevé de 8 millions en 1821 à 174 millions en 1865.

Il constate que « le prix des blés baissait d'une façon inquiétante depuis 1863 », et en voici la cause :

V.

L'empereur, avant de conclure les traités de commerce avec les étrangers, avait promis de prendre des mesures fiscales et civiles qui permettraient à l'agriculture « de lutter à armes égales contre l'invasion des produits étrangers ». Les traités conclus, il n'abaissa pas les impôts et les augmenta au contraire de sorte que les produits étrangers dont le prix de revient était inférieur à celui des produits français vinrent sur notre

territoire déprécier les récoltes du sol national. Il ré-
sulte des documents officiels qu'en huit ans seulement
(1861-1868) la moins value de l'agriculture française
sur les années précédentes fut de 12 milliards; en effet,
la culture vit ses impôts augmenter de 30 pour cent,
les salaires de 25 pour cent, les laines perdre 50 pour
cent de leur valeur, les peaux et les suifs baisser de
40 pour cent, les moutons diminuer de 400,000 têtes
par an, la sériciculture presque anéantie, les planta-
tions d'oliviers disparaître presque de la Provence, les
graines oléagineuses considérablement dépréciées
dans leurs prix, le revenu des forêts diminuer non
moins fortement par suite de l'avilissement des produits forestiers, la culture du blé perdre 400 millions
par an. — D'autre part, il y eut une plus-value par
an de 60 millions sur les moutons, vaches et veaux,
de 17 millions sur les bœufs, de 75 sur les porcs, de
156 sur les beurres, de 26 sur le poulailler et de 560
sur le vin, total : 7 milliards 152 millions Mais en
balançant les profits et pertes, on voit que la moins-
value générale s'éleva, en huit ans, pour les cultivateurs, à CINQ milliards, du fait seul des traités de
commerce.

C'est pourquoi, dans la Sarthe, dit M. Migneret,
sur 40 dépositions écrites qui donnèrent leur avis sur
la loi commerciale de 1861, il y en eut 25 qui, sans
opiner sur le principe de libre-échange, se pronon-
cèrent pour l'égal-échange et contre le dupe-échange,
et constatèrent que les traités avaient été préjudi-
ciables au paysan dans les conditions désastreuses

d'impôts réels et détournés où l'Empire l'avait forcé de lutter contre les produits des cultivateurs prussiens et autres. Pour les dépositions orales, 22 déposants contre 7 dénoncèrent les déplorables résultats des traités de commerce.

VI.

Les autres plaintes et doléances des paysans de Maine-et-Loire, Sarthe, Orne et Mayenne, sont innombrables d'après l'enquête agricole. Ils se plaignaient de ce que « le moral des ouvriers agricoles s'était perverti d'une façon inquiétante » ; de ce que leur travail avait diminué d'un quart ; de ce que « la pratique du drainage et des irrigations était rendue trop onéreuse et impossible par les formalités » ; de ce que « les octrois pesaient sur l'agriculture et diminuaient, avec la consommation, la production de ses denrées » ; de ce que « la mendicité vagabonde s'imposait lourdement aux fermiers isolés des campagnes » ; de ce que le crédit agricole n'existait pas et que tout était à faire en cette matière » ; de ce que « tous les cantons ruraux étaient dépourvus d'institutions de charité et de prévoyance » ; de ce que toutes les sommes affectées aux travaux publics étaient dépensées improductivement dans les villes et nullement en travaux utiles et productifs dans les campagnes.

Ils réclamaient enfin avec les commissions officielles tant de réformes civiles et fiscales que leur nombre m'empêche même de les énumérer.

Le nombre de nos ouvriers agricoles diminue tous les jours, s'écriaient-ils avec le rapporteur. « Le gouvernement pourrait et devrait exercer son influence sur ce fait en dirigeant l'éducation et l'instruction (qui aujourd'hui communiquent aux enfants le mépris de la profession agricole) dans un sens favorable à l'agriculture, en ralentissant les travaux des villes, en fondant dans les campagnes des institutions utiles, en améliorant le service militaire des paysans d'une manière utile à l'agriculture sous le rapport de l'époque et des saisons du service. des occupations qu'on pourrait leur donner entre les moments du service etc. »

Le salaire des ouvriers, ajoutaient-ils, a triplé sans profiter le plus souvent, par suite de leurs désordres, à leur famille abandonnée.

La vie patriarchale, disait encore M. Migneret, a disparu. « Le père de famille a cessé d'être le maître vénéré d'autrefois. Quant à la domesticité, il y a là une plaie de l'agriculture. Des fermiers préfèrent abandonner leur culture plutôt que de subir tous les inconvénients de cette domesticité… D'autres transforment leurs champs en herbages. Le nombre des cabarets devrait être restreint et une législation civile plus sévère soumettre les ouvriers agricoles à des obligations protectrices des conventions. Le nombre des cabarets s'est accru de 450 dans l'Orne, de 800 dans la Sarthe, de 1,100 dans la Mayenne et par centaines dans Maine-et-Loire ».

La criminalité s'était aussi accrue. La statistique criminelle relatait qu'il se commettait des milliers de crimes de plus que dans les périodes décennales précédentes.

M. Migneret se flatte de ce que, depuis 1800, le nombre des propriétaires s'était accru, de ce que l'accession des cultivateurs à la propriété avait été favorisée. Or, de 1840 à 1850, le nombre des propriétaires de Maine-et-Loire avait monté de 141.000 à 166,000. Eh bien ! ce nombre descendit en 1850-1860 de 165,000 à 163,000 ; ce qui prouve que l'Empire, quoi qu'il en dise, entrava l'élévation du paysan à la propriété du sol qu'il cultive.

VII.

Toute industrie ne peut espérer de bénéfice qu'autant qu'elle réunit et met en œuvre ces quatre éléments de la production : le talent, les capitaux, les matières premières, le travail. Or le système bonapartiste poussait les intelligences, le *talent* vers toutes les professions autres que celle de cultivateur ; il poussait les *capitalistes* et les fortunes vers les occupations non agricoles ; il ne se préoccupait en rien d'accroître la fertilité du sol par les irrigations, les engrais des villes et d'autres *matières premières* etc ; il rendait ainsi le *travail agricole* dix, cent fois moins rémunérateur que celui des autres professions et faisait émigrer par millions les campagnards avec leurs capitaux vers les grands centres bureaucratiques, mercantiles ou de l'industrialisme où ils trouvaient des établissements utiles, des palais, des monuments publics, des établissements de luxe, de plaisirs et d'agrément, de l'éclairage, des fontaines, des rues balayées et arrosées, des écoles gratuites, des médecins, peu de procès, de bonnes voies de communication, en un mot toutes les facilités de la vie qui étaient inconnues dans mon arrondissement de Cholet, dans mon Pays des Mauges, dans toutes les campagnes de Maine-et-Loire, Orne, Sarthe et Mayenne.

De plus, les impôts étaient payés pour les quatre cinquièmes par les campagnes, et l'Empire les dépensait, les distribuait partout sauf dans les campagnes. Ces impôts augmentaient tous les ans. La dette publique s'éleva de 8 à 25 milliards, sans compter celles des communes et des départements, le budget des recettes de 1500 millions à 3000 millions sans compter les budgets départementaux et communaux. Le fonctionnarisme qui revenait en Suisse à 6 fr. 06 par habitant, aux Etats-Unis à 8,08, en Espagne à 11,43, coûtait en France par 29 ou 30 francs par habitant.

VIII.

On conçoit donc parfaitement, que dans de telles conditions l'agriculture de Maine-et Loire, Sarthe, Orne et Mayenne fût la proie de vives souffrances. Malgré tout son optimisme, M. Migneret était obligé d'en convenir dans les termes les plus adoucis. Il s'écriait en effet :

« Le point saillant et dominant de l'enquête me

paraît être celui-ci : on constate des inquiétudes, un malaise révélés par une foule de symptômes, des plaintes, des projets de réformes. La société s'agite pleine d'incertitudes de ce que sera l'avenir ».

IX.

Toute autre partie des intérêts sociaux que l'agriculture n'aurait certainement pas résisté longtemps à ces souffrances, à une négligence aussi radicale, à une impulsion aussi contraire de la part des pouvoirs publics. Sans instruction, sans une législation qui les favorise, sans moyens de se développer, de se répandre, sans possibilité d'une rémunération suffisante, —où en serait l'industrie? où en serait le commerce? ou en seraient les sciences, les beaux-arts, les belles lettres, la religion elle même ? où les boursiers ou bien le fonctionnarisme ?

Il faut donc que l'agriculture soit douée d'une constitution bien vivace qu'elle ait jeté en France des racines bien profondes, pour avoir fonctionné quand même et n'être pas demeurée trop en arrière dans la voie de la civilisation parcourue avec tant de succès par le siècle où nous vivons. Mais tout l'honneur doit lui en être attribué et ne peut l'être qu'à elle seule. Tous les résultats qu'elle a conquis, elle les a obtenus tout à fait en dehors de l'action gouvernementale et ne sont dus absolument qu'à des efforts individuels. C'est en dehors du pouvoir, sous Napoléon III comme sous Louis-Philippe, que beaucoup d'agriculteurs d'un côté et quelques savants de l'autre ont agrandi la carrière des sciences, dirigé vers l'agronomie les sciences naturelles, la botanique, la géologie, la physique, la chimie, la physiologie et, réalisé en ce sens, des découvertes inappréciables, créé des institutions agricoles pratiques, organisé des comices et des sociétés d'agriculture qui eurent à lutter contre les persécutions bureaucratiques et préfectorales.

Grâce à cette persévérance, à cette constance, à cette initiative agricole qui remontent surtout à 1832, des progrès nombreux s'accomplirent dans la culture du sol. Ils consistèrent principalement dans l'adoption de meilleurs assolements, de prairies artificielles, d'un meilleur choix de semences et des races d'animaux, d'une nourriture meilleure pour des bestiaux plus nombreux, d'un outillage agricole moins primitif, de labours mieux faits, dans l'assainissement des terres, le défrichement des landes et haies, l'introduction du chaulage, le développement des cultures industrielles, la stabulation du bétail.

Toutes ces améliorations, favorisées merveilleusement par l'extension des voies de communication, eurent pour effet d'augmenter la production dans des proportions sensibles et d'atténuer les souffrances que le gouvernement faisait subir à l'agriculture.

Tous ces progrès se réalisèrent malgré toutes les fautes, les folies, les exactions, les turpitudes, les mesures anti-agricoles du régime napoléonien copiant et exagérant celles du règne de Louis-Philippe.

Voilà la vérité. Et c'est dans les aveux mêmes de

bonapartistes que je l'ai puisée tout entière.

Electeurs des campagnes de Maine-et-Loire, Sarthe, Orne et Mayenne vous avez donc un devoir rigoureux et national à remplir à l'élection partielle du 13 septembre, aux élections départementales et municipales, ainsi qu'aux prochaines élections générales.

Dans l'intérêt de vos professions, de vos familles, de la propriété, de l'agriculture, de l'ordre et de la sécurité publique, de l'honnêteté et de l'honneur national, — vous devez voter et vous voterez avec ensemble contre les bonapartistes aussi bien que contre les orléanistes ou les légitimistes.

Vous voterez pour la République.

GAZEAU-DE VAUTIBAULT.